A 1	B 2	C 3	D 4	E 5
F 6	G 7	H 8	I 9	J 10
K 11	L 12	M 13	N 14	O 15
P 16	Q 17	R 18	S 19	T 20
U 21	V 22	W 23	X 24	Y 25
Z 26	Ä 27	Ö 28	Ü 29	

18-5-3-8-14-5-14
macht echt Spaß!

© Julia Pommerenke

Jule Ambach, 1987 geboren, war zunächst Kinderbuch-Lektorin, bevor sie begann, sich selbst Geschichten auszudenken. Sie liebt Kaffee mit Zimt, laute Musik beim Schreiben und Reisen nach Schweden.

© privat

Sandy Thißen kam 1983 als Ruhrpottkind zur Welt. Beim Zeichnen trinkt sie gern literweise Tee, hört Musik und singt dabei sehr schief. Mit ihrer Familie wohnt sie am Stadtrand von Oberhausen.

So sehen die Zahlen von 1 bis 10 als Wörter aus.

1 eins
2 zwei
3 drei
4 vier
5 fünf
6 sechs
7 sieben
8 acht
9 neun
10 zehn

Jule Ambach

Pluspferd, ahoi!

Verlag Friedrich Oetinger · Hamburg

Hallo du!

In diesem mathe-magischen Buch darfst du lesen, malen, rechnen und rätseln!

Die Ergebnisse kannst du in diese Lücken schreiben: □

Einige Lücken sehen auch so aus: 

Sammle diese Zahlen und löse damit das Rechen-Rätsel ganz am Schluss.

Auf jeder Seite kannst du ein Stück vom mathe-magischen Lineal anmalen. So weißt du immer, wie weit du schon bist.

0 5

Wie fandest du die Aufgaben:
leicht, mittel oder schwer?
Male dem Pluspferd
in jedem Kapitel ein Gesicht.

Los geht's:

PLUS, MINUS, GROSSE PAUSE!

Inhalt

Die Mathematierchen helfen
Kindern beim Rechnen.
Erwachsene können sie nicht sehen.
Die Mathematierchen wohnen
im mathe-magischen Nebel.
Hier sind sie unsichtbar.
Immer wenn ein Kind ihre Hilfe braucht,
tauchen sie auf.

Das Meerdreinchen

- liebt die Zahl 3 über alles
- braucht von allen Dingen drei Stück

3

Die Minusmuschel

- nimmt immer etwas weg
- ist oft schlecht gelaunt

Das Pluspferd

- hat viele Plus-Pünktchen auf der Haut
- macht gerne Witze

Die Wildzweine

- gibt es nur im Doppel-Pack
- sind ziemlich wild

Das Kaneunchen

- hat auf alles eine Antwort
- findet, die 9 ist
die allerbeste Zahl

8

Die Achtigall

- fliegt am liebsten eine 8
- hat immer den Überblick

1. Insel-Abenteuer

„Gleich sind wir da!“, ruft Lotte. Die Klasse macht heute einen Ausflug. Mit dem Schiff geht es zu einer Insel.

„Wollen wir da ein Eis essen?“, fragt Jasin. Kara nickt. „Und Drachen steigen lassen!“ Und Lotte will eine Sandburg bauen.

0 5 10 15 20

Los geht's!
Male das erste Stück vom Lineal aus!

Herr Zahlbers lacht. „Ihr habt viel vor!
Das sind ja ☐ Sachen.“

„Wie lange dauert die Fahrt noch?“, fragt Lotte.
Herr Zahlbers schaut auf seine Uhr.
„In ☐ Minuten sind wir da“, sagt er.

Schau auf die Tafel.
In wie vielen Minuten kommt das Schiff an?

Endlich! Das Schiff legt im Hafen an.
Lotte möchte zuerst von Bord gehen.
So aufgeregt ist sie.

Doch Lotte war nicht schnell genug:
Vor ihr warten schon ☐ andere Kinder.

Rechne zusammen: Wie viele Kinder stehen links und wie viele stehen rechts von Lotte?

links: ☐ + rechts: ☐ = ☐

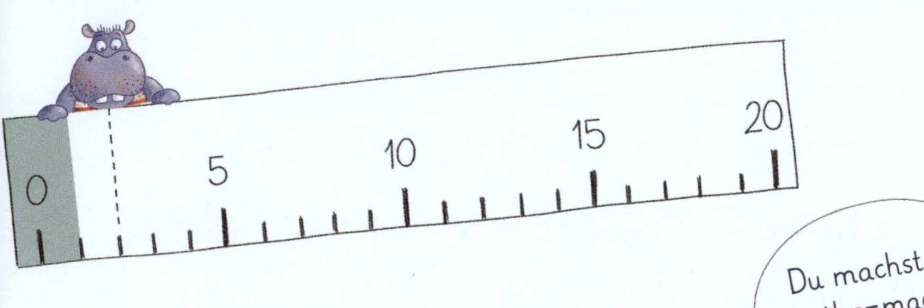

Herr Zahlbers und Frau Mai
tragen eine große Kiste vom Schiff.

„Was ist denn da drin?“, ruft Lotte.
„Eine Überraschung“,
sagt Herr Zahlbers nur.

Am Strand erzählt Herr Zahlbers
von seiner Überraschung:
„Wir machen eine Schnipsel-Jagd.
Dafür losen wir Zweier-Gruppen aus."

Lotte überlegt.
„Jasin, Kara, Feli und ich sind 4.
Das sind ☐ Zweier-Gruppen."

„Genau“, sagt Herr Zahlbers.
„Und wie viele Zweier-Gruppen
sind es bei 10 Kindern?“

„Dafür müssen wir die 10 halbieren“,
weiß Jasin.

Jedes Kind darf einen Zettel ziehen.
Auf Lottes Zettel steht 7 □ 4 = 11.

„Immer 2 Zettel passen zusammen.
So findet ihr eure Gruppe“,
sagt Herr Zahlbers.

Fatima: 19 – □ = 16

Lotte: 7 □ 4 = 11

Ferris: 8 + □ = 10

Carlos: 3 + 3 + 3 = □

Feli: 15 □ 8 = 7

Kara: 15 □ 7 = 8

Jasin: 4 □ 7 = 11

Merle: 10 – □ = 8

Maja: 16 + □ = 19

Liam: 2 + 1 + 6 = □

Rechne die Aufgaben auf
den Zetteln aus.
Verbinde dann die passenden
Zettel miteinander.

Jasins Zettel passt zu Lottes.
Er freut sich: „Dann sind wir eine Gruppe!“

„Sucht am Strand nach eurem Rechen-Zeichen oder eurer Zahl“, erklärt Herr Zahlbers.

Welches Rechen-Zeichen suchen Jasin und Lotte?

☐

„Was machst du denn hier, Pluspferd?“, wundert sich Lotte.

„Ich liebe Schnipsel-Jagden“, erklärt das Pluspferd. „Ihr seid die Plus-Gruppe. Vielleicht kann ich euch helfen.“

„Oh ja, gerne!“
Lotte und Jasin freuen sich.
Jetzt kann nichts mehr schiefgehen!

Die anderen Mathematierchen möchten auch mitmachen.

Welches Mathematierchen gehört zu welcher Gruppe? Verbinde die Zettel mit den Mathematierchen.

Die Schnipsel-Jagd kann beginnen!

Mini-Spie
für dich!

Lotte, Jasin und das Pluspferd
haben ihr erstes Plus-Zeichen gefunden!
Am Rettungs-Ring entdecken sie
einen Schnipsel.
Hilfst du ihnen beim Lösen des Rätsels?

Zeichne das Boot nach. Wie viele Dreiecke,
Vierecke und Kreise findest du?
Trage die Anzahl hier ein:

☐ Vierecke ☐ Dreiecke ☐ Kreise

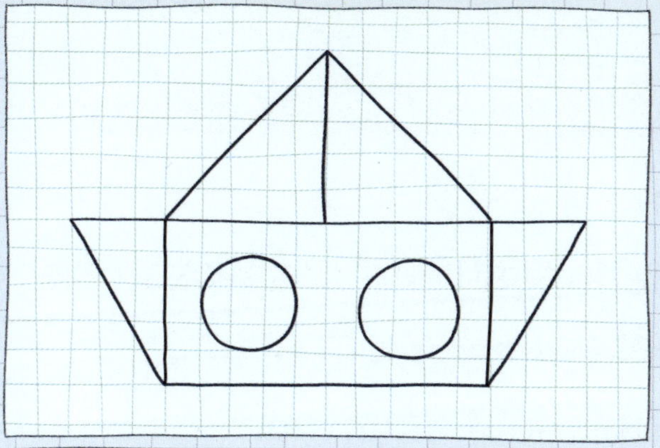

Ordne den Formen Buchstaben zu.
So erfahren Lotte, Jasin und das Pluspferd, wo der nächste Schnipsel versteckt ist.

S ☐ IE ☐ ☐ ☐ AT ☐

△ ○ △ ○ ▭

4 = P

2 = L

1 = Z

Wie waren die Aufgaben in diesem Kapitel für dich? Male dem Pluspferd ein Gesicht.

2. Plus, plus, hurra!

„Hier ist das nächste Plus!“, ruft Lotte.
Sie hebt einen Stein hoch.
Darunter liegt ein Blatt Papier.

Lotte faltet es auseinander.
„Wir sollen die Sonnenschirme zählen.“

Jasin legt los: „Es sind ☐ Schirme!“

„Richtig!“, jubelt das Pluspferd.

„Das Rätsel geht noch weiter“, sagt Lotte.

Lotte, Jasin und das Pluspferd sollen nach ______________________ gehen.

„Wir müssen nach links gehen“, sagt Lotte.

Jasin schaut zur Eisbude und seufzt. Sie liegt in der anderen Richtung!

„Da vorne!“, ruft Lotte.

Kannst du das nächste Plus-Zeichen auch sehen? Kreise es ein.

Sie laufen zur Strand-Bude hinüber.
Dort finden sie die nächste Aufgabe.

Rechnet in
Zweierschritten rückwärts.

„Hurra!“, ruft Lotte.
„Wir haben wieder eine Aufgabe gelöst!“

Doch Jasin hat etwas entdeckt:
„Auf der Rückseite steht noch was.“

Verdoppelt die letzte Zahl,
die ihr eingetragen habt.

Sucht diese Zahl. Dort befindet
sich der nächste Schnipsel.

„Das ist aber schwierig“, findet Lotte.

„Ich helfe euch!“, ruft die Achtigall.

„Stimmt ja“, fällt Lotte auf.
„Es gibt gar keine Gruppe 8.
Dann machst du jetzt bei uns mit.“

Die Achtigall freut sich.

„Verdoppeln heißt, ihr rechnet 8 plus 8“,
erklärt sie.

Kennst du die richtige Antwort?

8 + 8 = ☐

Die Kinder müssen also eine 16 suchen.
„Da, auf der Boje!“, ruft die Achtigall.

Lotte findet einen Schnipsel an der Boje.
„Guckt mal, der Leuchtturm!“, ruft sie.
„Wir sollen wieder zählen.
Zuerst die Fenster.“

Jasin zählt die Fenster.

Es sind ☐ Stück.

Dann zählt Lotte die Streifen.

Es sind ☐ weiße Streifen.
Die anderen ☐ Streifen sind leuchtend orange.

Lotte schaut noch mal auf den Zettel von Herrn Zahlbers. „Jetzt sollen wir rechnen“, sagt sie.

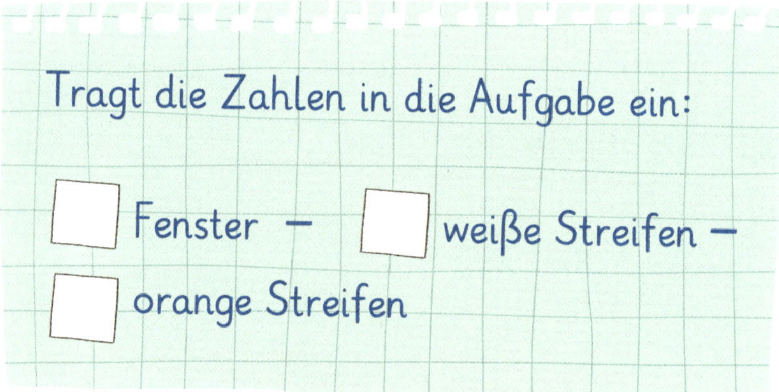

„Uff“, macht Lotte und denkt nach.
Das Pluspferd runzelt die Stirn.
Es überlegt angestrengt.

Minus-Aufgaben findet das Pluspferd
ein bisschen schwer.

Jasin weiß auch nicht weiter.

Aber dem Pluspferd fällt doch etwas ein:
„Wir suchen die Minusmuschel!
Bestimmt kann sie uns helfen!“

„Feli und Kara sind die Minus-Gruppe“,
weiß Lotte.
„Dann ist die Minusmuschel bei ihnen.“

Am Strand ist viel los.
Welchen Weg sollen
Lotte und Jasin nehmen,
damit sie schnell bei Kara und Feli sind?

e waren die Aufgaben
diesem Kapitel für dich?
le dem Pluspferd
Gesicht.

3. Minusmuschel gesucht

„Hallo, Kara und Feli!“, ruft Lotte.

Die beiden winken zurück.
Aber sie sehen dabei nicht froh aus.

„Was ist denn los?“, fragt Lotte.

„Wir können die Minusmuschel
nicht finden“, erklärt Feli.
„Sie war eben noch da.“

Lotte und Jasin schauen sich um.
Am Strand sind so viele Muscheln!

Die Achtigall ruft:
„Vielleicht kann ich die Minusmuschel von oben sehen!“

Wie viele Muscheln sind am Strand?
Umkreise immer 5 Muscheln.
Dann kannst du besser zählen. ☐
Findest du die Minusmuschel?

„Zum Glück haben wir dich gefunden!“, ruft Kara glücklich.

Ergänze die fehlenden Zahlen im mathe-magischen Nebel.

„Ich war doch nur kurz weg“, brummt die Minusmuschel.

10

5 □ 7 8 □

„Kannst du uns helfen?“, fragt Lotte. „Es ist eine schwierige Minus-Aufgabe.“

4 □ 2 □

Die Minusmuschel ist neugierig. „Klar helfe ich euch!“, ruft sie. Lotte und Jasin zeigen den anderen die Aufgabe.

„19 minus 6 ist ☐ “, sagt Lotte

„Jetzt könnt ihr bis zur 10 zurück rechnen“, sagt die Minusmuschel.

13 – ☐ = 10

„Von der 5 bleiben dann noch ☐ übrig!“, sagt Feli.

„Also rechnen wir noch 10 – 2?“, fragt Jasin.
Die Minusmuschel nickt.

„10 minus 2 ist ☐ !“, ruft Lotte.
„Also müssen wir als Nächstes eine ☐ suchen.“

„Helft ihr uns auch?“, fragt Feli.
„Na klar!“, ruft Lotte.

„Plus-tastisch!“, sagt das Pluspferd.
Kara und Feli müssen auch Plus rechnen.
Lotte und Jasin helfen ihnen:

Rechne mit!

„Dann können wir jetzt weitergehen.
Danke für eure Hilfe!“, sagt Kara.

„Gern geschehen!“, ruft Lotte.

Lotte, Jasin und das Pluspferd
winken den anderen zu.
„Weiter geht’s!“, sagt das Pluspferd.

Bastel-Ide[e]
für dich

Möchtest du die Minusmuschel mal mit in die Schule nehmen? Bastle dir deine eigene Minusmuschel! Dann kannst du sie immer in deiner Federmappe mitnehmen.

Du brauchst:
- Papier und Bleistift
- Buntstifte
- Schere
- 1 Musterklammer

Lass dir beim Basteln von einer erwachsenen Person helfen.

1. Zuerst paust du die Vorlage rechts ab.

2. Jetzt kannst du deine Minusmuschel ausmalen.

3. Schneide die beiden Teile aus.
Mit einem spitzen Stift oder der Schere kannst du vorsichtig ein Loch an die Stelle für die Klammer stanzen. Lass dir dabei von einer erwachsenen Person helfen. Schiebe die Klammer durch das Loch. Auf der Rückseite faltest du die beiden Flügel der Klammer auseinander und drückst sie ans Papier.

Fertig ist deine Minusmuschel!

Wie waren die Aufgaben in diesem Kapitel für dich? Male dem Pluspferd ein Gesicht.

4. Flaschen-Post

Lotte, Jasin und das Pluspferd
suchen nach der 8.

Lotte hat eine große Sandburg entdeckt.
„Kommt mal her,
ich habe sie gefunden!“, ruft sie.

In der Sandburg steckt ein Zettel.

Lotte faltet ihn auf.

„Seht mal!“, ruft das Pluspferd.

Im Sand steckt eine Fahne.

Darauf ist eine ☐ zu sehen.

Lotte hat eine Flasche gefunden.
„Sieht aus wie eine Flaschen-Post.“

Darin ist aber kein alter Brief.
Es ist ein Rätsel von Herrn Zahlbers.

Lotte, Jasin und das Pluspferd
schauen auf den Zettel.

Kannst du Lotte und Jasin helfen?
Trage die Lösungen in die Kästchen ein.

Das Pluspferd wundert sich:
„Was heißt das? Ein Strandkorb und 13?“

„Hier steht noch was“, sagt Lotte
und liest: „Ihr seid fast am Ziel.
Sucht den richtigen Strandkorb!“

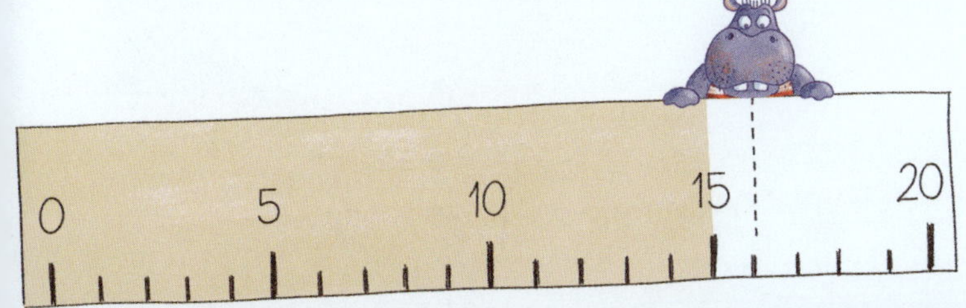

Herr Zahlbers wartet in Strandkorb 13.
„Das habt ihr richtig toll gemacht!“,
sagt er und gibt Lotte und Jasin
1 großes Puzzle-Teil.

„Ist das noch ein Rätsel?“, fragt Lotte.
„Vielleicht“, antwortet Herr Zahlbers.
„Für jede Gruppe gibt es 1 Puzzle-Teil.“

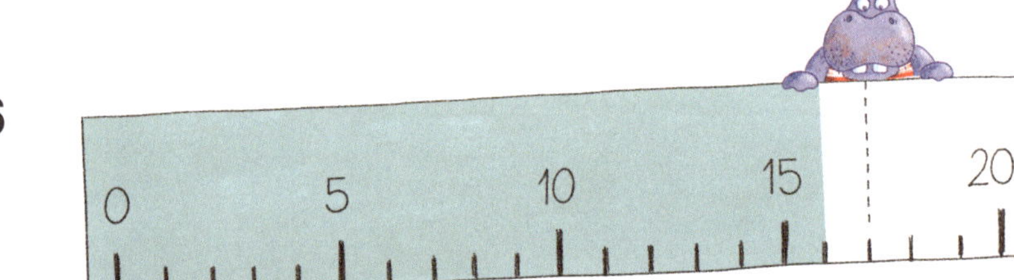

Das Pluspferd ist richtig froh,
dass es Lotte und Jasin helfen konnte.
Es malt viele Plus-Pünktchen
in den Sand.

Verbinde die Plus-Pünktchen miteinander. Beginne mit der 20 und gehe rückwärts bis zur 1. Erkennst du das Bild?

Die anderen Kinder
und Mathematierchen
sind auch zurück!
Herr Zahlbers gibt jeder Gruppe
ihr Puzzle-Teil.

Die Kinder legen
die Puzzle-Teile in den Sand.
Es ist ein Spiel!

Du kannst das Spiel
mit 2 – 6 Personen
spielen.

Du brauchst:

- 2 Würfel
- Spielfiguren

So geht's:

Gewürfelt wird mit beiden Würfeln.
Rechne die Zahlen von beiden Würfeln zusammen.
So viele Felder darfst du gehen.
Kommst du auf eine Leiter, darfst du aufsteigen.
Bei einem Seil geht es wieder nach unten.
Gewonnen hat, wer zuerst genau im Ziel angekommen is

Hast du Lust, mitzuspielen?

ZIEL

START

Wie waren die Aufgaben
in diesem Kapitel für dich?
Male dem Pluspferd
ein Gesicht.

5. Endlich Eis!

Nach dem Spielen
lädt Herr Zahlbers alle zu einem Eis ein.

Lotte möchte 2 Kugeln.
Jasin auch.
Feli möchte 1 Kugel
und Kara nimmt 3.

„Also insgesamt ☐ Kugeln“,
sagt Herr Zahlbers.
„Dann bestellt schon mal.“

Das Pluspferd ist nicht zufrieden.
„Hier gibt es aber komische Sorten“,
erklärt es.

„Welches Eis magst du denn gerne?“,
fragt Lotte.

„Ist doch klar: Alge!“,
antwortet das Pluspferd.

Wie viel kosten 8 Kugeln Eis?
Streiche weg, was zu viel ist.

Lotte überlegt.

Die Auswahl ist gar nicht so einfach!

Es gibt 3 Eis-Sorten:
Himbeer, Vanille und Schoko.
Lotte möchte 2 Kugeln Eis.
Welche Möglichkeiten gibt es?
Male die Kugeln in passenden Farben aus.

Lotte nimmt Himbeer und Schoko.
Das Pluspferd bekommt ein Stück von ihrer Waffel.

„So einen Ausflug können wir bald wieder machen“, findet es.
„Am besten noch mal ans Meer.“

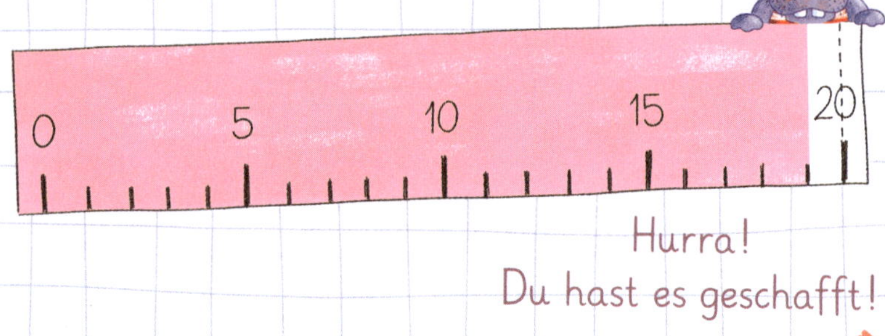

Hurra!
Du hast es geschafft!

Mathe-magisch gesammelt!

Auf vielen Seiten im Buch
hast du solche Zahlen gesammelt: ☐

Umrande alle Felder
mit Sammel-Zahlen
in deiner Lieblings-Farbe.
Dann siehst du,
welche Eis-Sorten die Mathematierchen
am liebsten essen.

Wie waren die Aufgaben
in diesem Kapitel für dich?
Male dem Pluspferd
ein Gesicht.

Spinat 1	Birne 2	Kastanie 3	Sesam 4	Salz- Karamell 5
Mango 6	Lakritz 7	See-Gras 8	Blaubeere 9	Kokos 10
Joghurt 11	Mohn 11	Pfirsich 13	Walnuss 14	Löwenzahn 15
Erdbeere 16	Honig 17	Limette 18	Karotte 19	Avocado 20

Alle Aufgaben gelöst?
Hier findest du die richtigen Antworten.

Kapitel 1

Seite 9 :
Sie haben 3 Sachen vor.
Das Schiff kommt in
10 Minuten an.

Seiten 10 bis 11 :
Vor Lotte warten schon 4 andere Kinder.
4 Kinder links + 3 Kinder rechts = 7 Kinder

Seiten 12 bis 13 :
Aus 4 Kindern werden
2 Zweier-Gruppen.

Seite 14 :
Lottes Zettel: 7 + 4 = 11

Liam
2 + 1 + 6 = 9
3 + 3 + 3 = 9
Carlos
Maja
16 + 3 = 19
Fatim
19 − 3 = 16

Seite 15 :
Jasin und Lotte suchen das
Rechen-Zeichen +.

Seite 17 :

3
9
2
−
MeerDREIchen
WildZWEIne
KaNEUNchen
MINUS-muschel

Seiten 18 bis 19 :
4 Dreiecke, 2 Kreise,
1 Viereck

SPIELPLATZ

Kapitel 2

Seite 20 :
Es sind 15 Sonnenschirme.

Seite 21 :

Lotte, Jasin und das Pluspferd sollen nach links gehen.

Seite 22 :

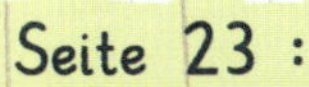
Seite 23 :

Seiten 24 bis 25 :

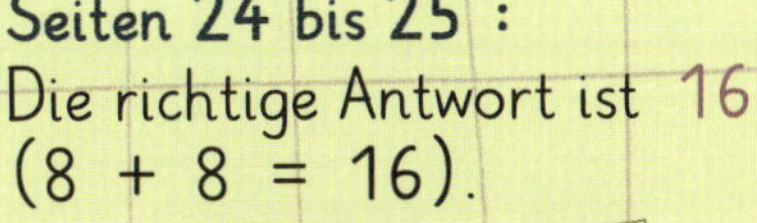
Die richtige Antwort ist 16 (8 + 8 = 16).

Seiten 27 bis 28 :
19 Fenster
6 weiße Streifen
5 orange Streifen

Seite 31 :

Kapitel 3

Seiten 32 bis 33 :

Am Strand sind 20 Muscheln.

5 + 5 + 5 + 5 = 20

Seite 35 :

10

5 6 7 8 9

4 3 2 1

Seite 36 :

19 − 6 = 13

13 − 3 = 10

Von der 5 bleiben noch 2 übrig.

Seite 37 :

10 − 2 = 8

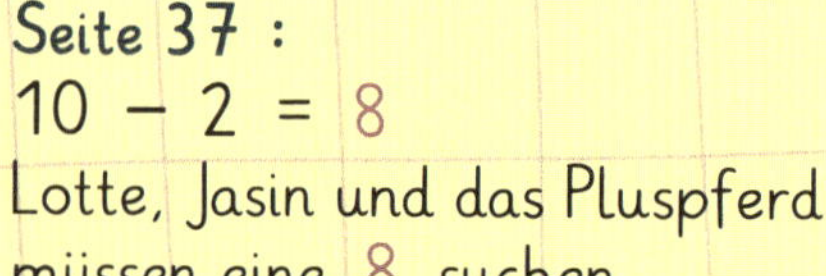

Lotte, Jasin und das Pluspferd müssen eine 8 suchen.

Seite 38 :

Kapitel 4

Seite 42 :

Seite 43 :

Die 11 besteht aus
2 gleichen Ziffern.

Seite 45 :

Seite 47 :

Das Pluspferd hat eine Möwe
in den Sand gemalt.

Kapitel 5

Seiten 50 bis 51 :
Insgesamt sind es 8 Kugeln
(2 für Lotte + 2 für Jasin
+ 1 für Feli + 3 für Kara).
8 Kugeln Eis kosten 8 Euro.

Seiten 54 bis 55 :
Pluspferd: Mango (6)
Wildzweine: Kastanie (3) und Blaubeere (9)
Meerdreinchen: Löwenzahn (15)
Kaneunchen: Karotte (19)
Achtigall: Sesam (4)
Minusmuschel: See-Gras (8)

Seite 52 :
Lotte hat
6 Möglichkeiten.

Jasin

- mag Zahlen und Mathe nicht so gern
- backt sehr gerne Kuchen
- trödelt oft auf dem Heimweg

Kara

- malt sehr gerne und kann das richtig gut
- spielt Handball und Tischtennis
- ist ungeduldig

Lotte

- trägt immer zwei verschiedene Socken
- ist ein bisschen unordentlich
- mag Abenteuer

Herr Zahlbers

- der Mathe-Lehrer der Kinder
- seit er an der Schule ist, sind die Mathematierchen da